Inhaltsverzeichnis

AF285815

Vorwort		5
Einleitung		7
1.	Berlin	10
2.	Brandenburg	16
3.	Hamburg und Schleswig-Holstein	22
4.	Niedersachsen	25
5.	Nordrhein-Westfalen	33
6.	Rheinland-Pfalz	58
7.	Hessen	63
8.	Baden-Württemberg	68
9.	Bayern	79
10.	Thüringen	83
11.	Sachsen	**88**
12.	Sachsen-Anhalt	**91**
13.	Mecklenburg-Vorpommern	**95**
14.	Österreich	**97**
15.	Frankreich	**98**
16.	Belgien	**99**
17.	Niederlande	**102**
18.	Skandinavien	**106**
19.	Großbritannien	**110**
20.	Slowakei	**113**
Schlusswort		114
Zum Autor		114
Quellennachweis		115

Richard Deiss

Siebenundsiebzig Siedlungen

Meine Liste der 77 sehenswertesten Siedlungen in Deutschland und anderswo

Impressum

Autor:	Richard Deiss
Cover:	Richard Deiss
Kontakt:	richard.deiss@gmail.com
Verlag:	BoD · Books on Demand GmbH, Überseering 33, 22297 Hamburg, bod@bod.de
Druck:	Libri Plureos GmbH, Friedensallee 273, 22763 Hamburg
ISBN:	978-3-8192-2750-9

Dritte Auflage 2025, Originalausgabe

Bibliografische Information der Deutschen Nationalbibliothek
Die Deutsche Nationalbibliothek verzeichnet diese Publikation in der Deutschen Nationalbibliografie; detaillierte bibliografische Daten sind im Internet über http://dnb.d-nb.de abrufbar

Vorwort

Mehr als 26 Jahre habe ich in Brüssel gelebt und dort lange in der Nähe der wunderbar erhaltenen Gartenstadtsiedlungen Cité Floréal und Logis gearbeitet. Diese verwunschenen Siedlungen gehörten für mich zu den von Touristen wenig besuchten Architektur-Geheimtipps der Stadt. Später fielen mir in eher unscheinbaren früheren Industriestädten wie Hagen oder Magdeburg überraschend attraktive 1920er Jahre-Siedlungen auf. Nach einer Buchreihe zu Fachwerkhäusern, zur Weserrenaissance und Rathäusern in Deutschland schien es für mich deshalb angebracht, die bei meinen Städtereisen besuchten Siedlungen in einem Taschenbuch zusammenzutragen. Als ich meine Reisen rekapitulierte und alte Fotos durchsah, kam ich auf etwa 100 besuchte Siedlungen und siedlungsähnliche Wohnkomplexe. In den übrigen Architekturbüchern hatte ich meist die Top-77 aus so einer Zahl herausgestellt, um zu zeigen, was ich selbst am beeindruckendsten finde. Das soll auch in diesem Band geschehen. Auf die Top-77 dieser Siedlungen wird auf jeweils einer Seite (Foto und Text) eingegangen. Zusätzlich werden die 22 für mich interessantesten und schönsten Siedlungen durch Symbole (★★) herausgestellt.

Die Arbeit am Büchlein hat mir geholfen, besuchte Siedlungen noch einmal in Erinnerung zu rufen und neu gesehene aufmerksamer zu betrachten. Das Buch enthält Aufnahmen mittels einfacher Handykameras, teilweise bereits 10 Jahre alt und nicht immer bei besten Lichtverhältnissen. Ich freue mich jedoch, wenn das Buch interessierte LeserInnen findet, die es lehrreich und unterhaltsam finden. Kommentare sind willkommen. Vielleicht werden LeserInnen auch angeregt, das eine oder andere Siedlung selbst in Augenschein zu nehmen.

Viel Spaß beim Lesen und dem Betrachten der Siedlungsfotos

Isny im April 2025
Richard Deiss

Einleitung

Die im Buch enthaltenen Siedlungen und siedlungsähnlichen Strukturen verteilen sich folgendermaßen über die Bundesländer:

Bundesland	Städte	Siedlungen
Berlin	Berlin	5
Brandenburg	Potsdam (4), Wildau	5
Hamburg	Hamburg: Wandsbek, Harvestehude	2
Schleswig-H.	Lübeck	1
Niedersachsen	Braunschweig, Celle, Delmenhorst, Hannover (3), Nordhorn	7
NRW	Aachen, Ahlen, Berg. Gladb. Dorsten (2), Dortmund (2), Duisburg (3), Düren, Hagen (3) , Hamm, Herne, Essen, Iserlohn, Köln (4), Krefeld (2), Mönchengladbach, Oberhausen (2) Neuss, Wulfen	29
Rheinland-Pfalz	Ludwigshafen (3), Worms	4
Hessen	Buchschlag, Darmstadt, Frankfurt (2),	4
Baden-Württemberg	Friedrichshafen, Heidelberg, Karlsruhe, Mannheim (2), Plochingen, Stuttgart (3), Ulm	11
Bayern	Augsburg (3), München (2)	5
Thüringen	Eisenach, Pößneck (3), Ruhla	5
Sachsen	Dresden (2)	2
Sachsen-Anhalt	Magdeburg, Schönebeck, Lutherstadt Wittenberg	3
Mecklenburg-V.	Rostock, Stralsund	2
Deutschland	51	85

Einzelne europäische Länder sind zudem enthalten:

Österreich	Wien	1
Frankreich	Region Paris	1
Belgien	Brüssel (3)	3
Niederlande	Helmond, S'Hertogenbosch, Rotterdam	3
Dänemark	Arhus, Vejle	2
Norwegen	Oslo (2)	2
Ver. Königreich	London, Letchworth, Welwyn	3
Übriges Europa	12	15
Insgesamt	63 Orte	100

Im Buch werden die Top-77 der interessantesten Siedlungen mit ★ gekennzeichnet, die Top-22 mit ★★. Siedlungen, zu denen es einen Wikipedia-Artikel gibt, werden mit 🗎 gekennzeichnet.

1. Berlin

Im Kapitel enthaltene Top 77-Siedlungen:

Bezirk	Siedlung	Erbaut
Neukölln-Britz	Hufeisensiedlung ❖	1925-33
Pankow- Prenz-lauer Berg	Wohnstadt Carl Legien ❖	1929-1930
Tempelhof-Schö-neberg	Siedlung Lindenhof	1928-21
Charlottenburg-Nord	Siemensstadt ❖	1929-31
Zehlendorf	Waldstadt Zehlendorf (Onkel Toms Hütte)	1926-31

Sechs Siedlungen der Berliner Moderne sind seit 2008 auf der UNESCO-Liste des Weltkulturerbes (in der Tabelle oben mit ❖ markiert). Die beeindruckende Waldsiedlung Zehlendorf (Bild unten) ist seltsamerweise nicht darunter.

Siedlung Lindenhof (1918-1921) ★ 🖹

Die Siedlung Lindenhof gehört zu den bekanntesten in Berlin und entstand zwischen 1918 und 1921. Mit gutem Wohnraum zu günstigen Konditionen, Gemeinschaftseinrichtungen und der Möglichkeit zur Selbstversorgung hatte diese Pioniersiedlung Vorbild-Charakter. Die Leitung des Projektes lag beim Schöneberger Stadtbaurat Martin Wagner. Bruno Taut war mit Planungen an der Siedlung beteiligt.

Lage: Bezirk Tempelhof-Schöneberg., 8 km vom Zentrum

Hufeisensiedlung (1925-1933) ★ 📄

Die zwischen 1925 und 1933 gebaute Siedlung in Britz im Bezirk

Neukölln findet sich seit 2008 auf der UNESCO Welterbeliste. Entworfen hatte die Pläne die Architekten Bruno Taut (1880-1938) und Martin Wagner (1885-1957). In einem ersten Bauabschnitt im Kernbereich wurden 1285 Wohnungen im Sinne des Neuen Bauens errichtet.

Lage: Neukölln-Britz

Wohnstadt Carl Legien (1929-1930) ★ 📄

Die Großsiedlung Carl Legien wurde nach einem deutschen Gewerkschaftsführer benannt und 1928 bis 1930 nach Plänen von Bruno Taut und Franz Hilliger errichtet. Auftraggeber war die GEHAG (Gemeinnützige Heimstätten Spar- und Bau-AG). Die 1920er Jahre Siedlung ist auf der UNESCO Liste des Weltkulturerbes verzeichnet.

Lage: Pankow, Prenzlauer Berg

Waldsiedlung Zehlendorf (1926-1931) ★ ★ 🖹

Diese vom Neuen Bauen mit seinen klaren, einfachen Formen geprägte Siedlung wurde 1926 bis 1931 von der gemeinnützigen GEHAG gebaut, noch heute deren Eigentümerin. Namhafte Architekten wie Bruno Taut und Hugo Häring planten die 800 Einfamilienhäuser und 1100 Geschosswohnungen. Bäume wurden in die Planungen einbezogen, was den attraktiven Charakter der Siedlung unterstreicht.

Lage: Zehlendorf

Großsiedlung Siemensstadt (1929-1931) ★ 📄

Die Großsiedlung Siemensstadt wurde 1929-1931 unter der Leitung von Stadtbaurat Martin Wagner und nach dem städtebaulichen Konzept von Hans Scharoun verwirklicht, um Arbeitern der benachbarten Siemenswerke Wohnmöglichkeiten zu bieten. Weitere bekannte an der Planung im Stil des Neuen Bauens beteiligte Architekten waren Walter Gropius, Otto Bartnig und Hugo Häring. Bild rechts: ‚Panzerkreuzer' genannter Wohnblock von Hans Scharoun.

Lage: Charlottenburg-Nord

2. Brandenburg

Im Kapitel enthaltene Top-77-Siedlungen:

Stadt	Siedlung	Erbaut
Potsdam	Holländisches Viertel	1733-1742
Potsdam	Alexandrowka	1826/27
Potsdam	Stadtrandsiedlung	1932-36
Wildau	Schwartzkopff-Siedlung	1897-1918

Potsdam hate eine große Vielfalt von Siedlungen unterschiedlicher Bauepochen, vom Holländischen Viertel bis zur Stadtrandsiedlung. Neben Potsdam weist auch das im Berliner Umland liegende Wildenau eine interessante Siedlung auf.

Siedlung am Bahnhof der Optikstadt Rathenow.

Holländisches Viertel (1733-1742) ★ ★ 📄

Das Holländische Viertel ist ein heute in Potsdam sehr zentral gelegenes Stadtviertel, welches 1733-1742 unter Leitung des aus Amsterdam stammenden Baumeisters Jan Bouman errichtet wurde. Es besteht aus 134 Ziegelstein-Häusern, arrangiert in vier Karrees. Unter Friedrich Wilhelm I geplant wurde es unter seinem Sohn Friedrich II. fertiggestellt. Durch die Einheitlichkeit der Bebauung und die geringe Variation der Giebelformen ergibt sich ein geschlossenes, beeindruckendes Siedlungsbild.

Lage: nördliche Innenstadt

Alexandrowka (1826/27) ★ ★ 🖹

Alexandrowka ist eine russische Kolonie aus insgesamt 12 freistehenden Gehöften im Norden der Potsdamer Innenstadt, benannt nach dem 1825 verstorbenen Zar Alexander I. Der preußische König ließ sie 1826/27 für die letzten zwölf Sänger eines einst aus 62 Soldaten bestehenden russischen Chores anlegen. Die Pläne für die Gebäude waren preußische Interpretationen russischer Architektur, basierend auf Zeichnungen. Ausgeführt wurden die Gebäude als Fachwerkhäuser mit vorgesetzten halbrunden Holzstämmen. Statt mit Stroh, wie in Russland, wurden die Dächer erst mit Holzbrettern und später durch Schiefer gedeckt.

Lage: nördlich der Innenstadt, Russische Kolonie 2

Am Stadtrand (Stadtrandsiedlung) (1932-36) ★ 🗎

Die Stadtrandsiedlung wurde 1932 bis 1936 als Erwerbslosen-Siedlung errichtet. Geplant und verwirklicht wurden die Häuser durch den aus Süddeutschland stammenden Architekten Reinhold Mohr (1882-1978), der hier weit im Norden süddeutsche Berg- und Bauernarchitektur verwirklichte. Die Häuser wurden von arbeitslosen Handwerkern errichtet und anschließend unter diesen verlost. Durch den Bau sollte Arbeit für Handwerker geschaffen werden, die großen Gärten sollten der Selbstversorgung der Bewohner dienen.

Lage: südöstlich der Innenstadt

Siedlung Eigenheim (1923-33)

Die Siedlung wurde 1922 auf einer Fläche gegründet, die die Stadt Potsdam von der Forstverwaltung gekauft und eingemeindet hatte. Diese Fläche wurde in 273 Parzellen aufgeteilt und an Bewerber, die Mitglieder des Bundes Deutscher Bodenreformer (Vorsitzender Adolf Damaschke) sein mussten, zu einem günstigen Verkaufspreis abgegeben. Zudem mussten sie Mitglieder des 1921 gegründeten Kleinsiedlungsvereins Eigenheim e.V. in Potsdam werden. Die Siedlungen sollten den Bewohnern Wohnraum und Gärten für die Eigenproduktion von Nahrungsmitteln bieten. Nach zehn Jahren waren fast alle Grundstücke bebaut. Nach 1990 kamen durch Grundstückteilungen viele Häuser hinzu.

Lage: südöstlich der Innenstadt

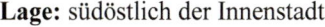

Schwartzkopff-Siedlung (1897-1918) ★

In Wildau produzierte einst die durch Louis Schwartzkopff gegründete drittgrößte Lokomotivenfabrik Deutschlands. Direkt neben dem Werksgelände entstand auf der anderen Seite der Bahnlinie die nach dem Gründer der Berliner Maschinenbau AG benannte Siedlung. Heute zählt die Siedlung 950 Wohnungen und 1800 Bewohner. Im Krieg nicht zerstört, beeindruckt die Siedlung durch die bauliche Geschlossenheit und ihren guten Erhaltungszustand. In den 1990er Jahren war die Siedlung saniert worden.

Lage: nordöstlich vom Bahnhof Wildau

3. Hamburg und Schleswig-Holstein

Im Kapitel enthaltene Top-77 Siedlungen

Stadt	Siedlung	Erbaut
Hamburg	Grindelhochhäuser	1946-1954
Lübeck	Aegidien-Konvent	1888-1890

Was sehenswerte historische Arbeitersiedlungen, etwa der 1920er Jahre, betrifft, ist Hamburg nicht so gut ausgestattet wie Berlin. Auch von der Gartenstadt-Bewegung inspirierte Siedlungen wie die Gartenstadt Wandsbek sind nicht ganz so beeindruckend, wie Gartenstädte in anderen Metropolen. Mit den Grindelhochhäusern hat Hamburg eine Siedlung, die nicht besonders schön, aber in ihrer Nachkriegsbaugeschichte interessant ist.

Gartenstadt Wandsbek 🗎 (1910-1939)

Grindelhochhäuser (1946-1954) 📄 ★

Die Grindelhochhäuser waren die ersten Wohnhochhäuser der Bundesrepublik nach dem Zweiten Weltkrieg. Hier lag bis zur Kriegszerstörung das jüdische Grindelviertel. 12 Hochhausscheiben wurden gebaut mit 2122 Wohnungen für mehr als 5000 Menschen. 1995 bis 2006 wurden 10 der Hochhäuser mit 1200 Wohnungen für 75 Millionen Euro saniert.

Lage: Hamburg Harvestehude

Aegidien-Konvent (1888-90) ★ 🗎

Das Aegidien-Konvent wurde bereits 1294 erwähnt und war bis zur Reformation ein Beginenkonvent, danach ein Wohnstift für Frauen. Ab 1846 war es eine Armenanstalt. 1888-90 wurde das Konvent baulich weitgehend verändert. Mit Ausnahme des spätgotischen Vorderhaus wurden alle Gebäude durch Neubauten ersetzt.

Lage: östliche Innenstadt

4. Niedersachsen

Im Kapitel enthaltene Top-77 Siedlungen:

Stadt	Siedlung	Erbaut
Braunschweig	Siegfriedviertel	1926-1941
Celle	Italienischer Garten	1924-1926
Hannover	Siedlung Menzelstraße	1901-1913
Hannover	Grasdachsiedlung Laher W.	1983-84
Hannover	Pelikanviertel	1991-2016
Nordhorn	Wasserstadt Povel	1987-2009

Meine Lieblingssiedlungen in Niedersachsen sind der Italienische Garten in Celle, eine kleine bunte Bauhaussiedlung, und die Grasdachsiedlung Laher Wiesen in Hannover.

Siegfriedviertel (1926-1941) ★ 🖹

Die Bebauung des Siegfriedviertels im Norden Braunschweigs erfolgte in zwei Bauabschnitten, 1926-1929 und 1933 bis 1941. Der Stadtbaumeister Hermann Flesche hatte eine Gartenstadt entworfen und am Anfang wurden auch Eigenheime gebaut. Durch die Wohnungsnot wurden aber später zunehmend mehrgeschossige Wohngebäude errichtet. Heute wohnen 7500 Einwohner im Siegfriedviertel.

Lage: Nördlich der Innenstadt, Rebenring

Italienischer Garten (1924-1926) ★ 🗎

Die Pläne für die Wohnsiedlung des Neuen Bauens stammen vom Münchner Architekten Otto Haesler (1880-1962). Die Siedlung besteht aus 10 Gebäuden mit 44 Wohnungen. Jeweils vier Gebäude, davon jeweils zwei in blau und zwei in orange, finden sich auf beiden Seiten der Straße *Italienischer Garten*. Die Wohnungen sind mit 129-143 m^2 relativ groß und wurden von der gehobenen Mittelschicht bezogen. Bei der Sanierung 2005-06 versuchte man, nach zwischenzeitlich deutlichen Veränderungen, dem ursprünglichen Zustand wieder näher zu kommen, was durch zusätzliche Wärmedämmung jedoch erschwert wurde.

Lage: unmittelbar südöstlich der Altstadt.

Nordwolle- Beamtenwohnhäuser (1885-1893) 📄

Das 1884 in Delmenhorst bei Bremen von Christian Lahusen ge-

gründete Unternehmen **Nordwolle** hatte in den 1920er Jahren 4500 Mitarbeiter und stellte ein Viertel der Welt-Rohgarnproduktion her. Zum Betriebsgelände nördlich des Delmenhorster Bahnhofs gehören 28 ab 1885 entstandene Beamtenhäuser für Nordwolle-Beschäftigte. Ab 1893 entstand eine große Sheddach-Produktionshalle. Hinter ihrer Fassade finden sich heute einfache Wohngebäude.

Lage: Fabrikhof-Straße

Grasdachsiedlung Laher Wiesen (1983-1985) ★ ★ 📄

Die Grasdachsiedlung folgte der Vision einer ökologischen, energiesparenden und zukunftsweisenden Stadtentwicklung und wurde als ökologische Pilotprojekt in Zusammenarbeit mit der benachbarten Waldorfschule verwirklicht. Die Pläne für die 80 Häuser (350 Einwohner) umfassende Siedlung stammen von den Architekten Hermann Boockhoff und Helmut Rentrop. Sie zählt zu den größten Ökosiedlungen Deutschlands.

Arbeiterwohnsiedlung Menzelstraße und Schnabelstraße (1901-13) ★ 📄

Im Jahre 1900 gründeten Arbeiter aus Ricklingen die Genossenschaft „Gemeinnütziger Bauverein Ricklingen" um preisgünstigen Wohnraum in der Nähe der Arbeitsplätze erwerben zu können. Die Gesamtanlage gilt wegen ihrer relativen Geschlossenheit als baulich eindrucksvoll und wurde im März 2023 mit einer Infotafel versehen. 76 Doppelhäuser mit zwei Drei-Zimmer-Wohnungen in jeder Hälfte boten mehr als 300 Familien Platz. Seit 1979 steht die Siedlung unter Denkmalschutz.

Lage: Stadtteil Ricklingen

Pelikanviertel (1991-2016) ★ 🖹

Das Pelikanviertel ist nach dem Verkauf des Betriebsgeländes ab 1991 auf dem 1906 erbauten Werksgelände der früheren Hannoveraner Schreibtintenfirma Pelikan entstanden. Heute findet sich hier eine Mischung von Wohnen und Gewerbe (Büros, Geschäfte, Hotels). Auffälligstes neues Gebäude ist der 2016 fertiggestellte Wohnblock Haus B1 von BKSP-Architekten (Bild unten).

Lage: Stadtteil List, Pelikanstraße

Wasserstadt Povel (1987-2009) ★ 📄

Das Gelände der 1979 in Konkurs gegangenen Textilfabrik Povel & Co im Zentrum Nordhorns wurde von 1987 bis 2009 zu einem innenstadtnahen städtebaulich hochwertigen Wohngebiet entwickelt mit Wohnraum für 750 Menschen und Büro- und Gewerbeflächen für 400 Arbeitsplätze. Einige zusätzliche Grachten wurden angelegt, um den Wasserstadt-Charakter zu unterstreichen. Der von der Spinnerei 1906 errichtete 26 m hohe Turm (Bild) beherbergt heute ein Textilmuseum.

Lage: südöstlich Innenstadt, Am Wassergarten

5. Nordrhein-Westfalen

In NRW, vor allem im Ruhrgebiet, gibt es zahlreiche Arbeitersiedlungen, vor allem solche, die mit dem Bergbau zusammenhängen und auch (Zechen)Kolonien genannt werden. Zu den bekanntesten Arbeiter-siedlungen gehört dabei die Margarethenhöhe in Essen (Bild rechts). Die schönste in diesem Kapitel beschriebene Siedlung ist für mich jedoch die Cuno-Siedlung in Hagen.

Im Kapitel enthaltene Top 77-Siedlungen:

Stadt	Siedlung	Erbaut
Aachen	Panneschopp	1929-1931
Ahlen	Zechensiedlung Neustadt	1920er
Berg. Glad.	Kinderheim Bethanien	1962-68
Dorsten	Finnstadt	1976
Dortmund	Alte Kolonie Eving	1898-1899
Dortmund	Phönixsee	2011-
Duisburg	Margarethensiedlung	1903-1906
Hagen	Cuno Siedlung	1926-27
Hagen	Lange Riege	1665-1666
Hagen	Walddorfstraße	1907
Herne	Teutoburgia	1909-1923
Iserlohn	Schlieperblock	1928-32
Essen	Margarethenhöhe	1910-1938
Köln	Germaniasiedlung	1919-1928
Köln	Naumannsiedlung	1927-1929
Köln	Indianersiedlung Zollstock	1920er
Krefeld	Ter-Mer-Siedlung	1921-1922
Mönchengl.	Webersiedlung Engelbleck	1927-1928
Neuss	Südliche Furt	2004-2008

5.1 Ruhrgebiet

Dortmund

Phönixsee (seit 2011) ★ 📄

Auf einem ehemaligen Stahlgelände wurde ein 24 ha großer See angelegt und das Gelände zu einem
Wohn., Naherholungs- und Gewerbegebiet umgewandelt. Am Nordufer entstanden hauptsächlich ein- und Zweifamilienhäuser, am Süddufer auch verdichtetere Wohnformen. Insgesamt entstanden etwa 2000 Wohneinheiten vorwiegend des höheren Preissegments. Viele Fußballer von Borussia wohnen hier.

Lage: Dortmund-Hörde

Alte Kolonie Eving (1898-1899) ★ 📄

Diese Siedlung wurde Ende des 19. Jahrhunderts von einer Zeche für angeworbene auswärtige Arbeiter errichtet. Ursprünglich umfasste sie 76 Häuser und 270 Wohnungen. Weil viele Arbeiter aus ländlichen Regionen im Osten des Reiches angeworben wurden, hatte alle Wohnungen neben fließendem Waser und einer Ofenheizung auch eine Stall und Gartenland. In den 1970er Jahren konnte eine Bürgerinitiative Abrisspläne verhindern und die meisten Gebäude der Siedlung blieben erhalten. Einige wurden sogar in die Denkmalliste der Stadt Dortmund eingetragen.

Lage: Im Norden Dortmunds

Margarethensiedlung (1903-1906) ★ 📄

Die nach Margarethe Krupp benannte Siedlung wurde für die Arbeiter der Friedrich-Alfred-Krupp-Hütte gebaut und galt einst als Idealbeispiel einer Gartenstadt. Der Kern der Siedlung wurde 1903-1906 erbaut. Zwischen 1912 und 1928 gab es vier Erweiterungen.

Lage: Rheinhausen-Hochemmerich

Cuno-Siedlung (1926-27) ★ ★

Von 1926 bis 1927 entstanden auf einer Anhöhe südwestlich des
Zentrums 121 Wohnungen in 9 Gebäuden. Die
Wohnungen mit 2-5 Zimmern hatten eine da-
mals moderne *Frankfurter Küche.* Die Sied-
lung des Neuen Bauens wurde von Stadtbaurat
Ewald Figge zusammen mit mehreren Archi-
tekten sowie Künstlern geplant. Die ganze
Siedlung zeigt eine hohe gestalterische Qualität und einen guten ,
einheitlichen Erhaltungszustand. Eine der schönsten 1920er Jahr
Siedlungen im Westen Deutschlands.

Standort: ca. 1.5 km südwestlich vom Hbf

Arbeitersiedlung Walddorfstraße (1907) ★ 📄

Der Münchner Architekt Richard Riemerschmid plante 1907 für die Hagener Textilindustrie Gebr. Elbers und im Auftrag des Hagener Kunstmäzens Karl-Ernst Osthaus eine Siedlung mit insgesamt 87 Arbeiterwohnungen. Doch da der vom Heimatstil beeinflusste rustikale Kalkstein-Baustil sehr aufwändig war, wurden nur 11 Häuser gebaut und das Bauvorhaben wurde deshalb eingestellt.

Lage: Walddorfstraße 1-21

Lange Riege (1665-1666) ★ 📄

Die Ende des 17. Jahrhunderts für Klingenschmiede aus dem Bergischen Land als Wohn- und Arbeitsstätte errichtete Siedlung Lange Riege in Hagen-Eilpe gilt als älteste Arbeitersiedlung Westfalens. Der Kurfürst ließ die aus acht Häusern bestehende Siedlung für aus Solingen abgeworbenen Klingenschmiede Wand an Wand am Selbecker Bach entlang errichten, weshalb diese Lange Reihe genannt wurden.

Lage: Hagen Eilpe, Riegestraße 6

Siedlung Teutoburgia (1909, 1923) ★ ★ 📄

Diese Arbeitersiedlung entstand im Wesentlichen im Jahre 1909 zusammen mit der Zeche Teutoburgia. Die
Initiative für ihren Bau ging von der Gewerkschaft Teutoburgia aus. Der Architekt Berendt ließ sich dabei von englischen Gartenstadtideen inspirieren. So entstanden Mehrfamilienhäuser mit großzügigen Grünanlagen und Gärten. Nach dem ersten Welt-  krieg wurden Wohnungen vereinfacht und verdichtet ausgeführt. Insgesamt entstanden in den beiden Bauabschnitten 136 Gebäude mit 459 Wohnungen für etwa 1400 Bewohner.

Lage: Herne-Börnig

Margarethenhöhe (1906-1938) ★ 📄

Die Margarethenhöhe gilt als erste deutsche Gartenstadt. Gestiftet wurde sie von Margarethe Krupp (deshalb der Name), verantwortlicher Architekt war Georg Metzendorf (1874-1934), Mitglied des deutschen Werkbundes. Während die ersten Häuser bereits 1910 fertiggestellt wurden, zog sich der Bau der gesamten Siedlung bis 1938 hin. Große Teile der Siedlung wurden im Krieg zerstört, später jedoch in historischer Form wieder hergestellt.

Adresse: ca. 2 km südwestlich des Stadtkerns

Siedlung Eisenheim (1846-1898) ★ 📄

Die Siedlung Eisenheim ist die älteste Arbeitersiedlung des Ruhrgebietes und die erste Arbeitersiedlung, welche unter Denkmalschutz gestellt wurde. Sie bestand aus 51 Häusern, in welchen um 1900 1200 Menschen lebten. Die Häuser hatten einen Ziergarten und einen Nutzgarten. Im Zweiten Weltkrieg teilweise zerstört, sollte sie in den Nachkriegsjahrzehnen abgerissen werden. Doch die erste Arbeiterinitiative im Ruhrgebiet verhinderte dies. Heute informieren zahlreiche Tafeln über die Geschichte der Siedlung.

Lage: Eisenheimer Straße

Metastadt (1974)

Wulfen-Barkenberg, ist heute Stadtteil von Dorsten im nördlichen Ruhrgebiet. Als der Kohlenbergbau nach Norden wanderte und Wirtschaft und Bevölkerung schnell wuchsen, entwickelte man hier, um Wohnraum zu schaffen, die ‚Neue Stadt Wulfen' mit visionären, aber teilweise in geringer Bauqualität errichteten Projekten. Eines davon war die **Metastadt** des Architekten Richard J. Dietrich (1938-2019), ein Komplex, konstruiert aus Stahlelementen mit flexiblen Wandelementen, mit 102 Wohnungen und mehreren Ladenlokalen. 1974 errichtet, stand die schlecht abgedichtete Metastadt bereits 1986 leer und wurde schon 1987 abgerissen. Heute steht hier ein Seniorenheim und nicht mal eine Tafel erinnert an das Gebäude.

(Bild: Wulfen-Wiki,
Quelle: EW-Broschüre Neue Stadt Wulfen, 1975)

Habiflex (1975)

Neben der Metastadt war ein weiterer mit Bundesmitteln geförderter Versuchsbau der 1975 fertiggestellte **Habiflex** (Architekten Richard Gottlob und Horst Klement). Dieser hatte 40 Wohnungen (4240 m^2) mit veränderbaren Wänden, die sich um einen Lichthof gruppieren. Wieder war die schlechte Isolierung ein Problem. Später Umwandlung in Eigentumswohnungen, die für 145 000 Euro als Kapitalanlage verkauft wurden, aber nur schlecht vermietet werden konnten. 2008 zogen die letzten Mieter aus. Den Eigentümern fehlt das Geld für den eigentlich notwendigen Abriss. Die Immobilie wurde dann 2016 für 1 Euro auf Immoscout angeboten, aber niemand griff zu. Mittlerweile ein halb verfallener lost place.

Lage: Dorsten-Wulfen, Jägerstraße 1-40

Finnstadt (1976) ★ 📄

Das dritte Modellprojekt war die 1976 fertiggestellte Finnstadt, vier kreuzförmige, terrassierte, fünfgeschossige Häuser der finnischen Architekten Toivo Korhonen und Lauri Sorainen. Anders als die anderen Projekte, nicht als sozialer Wohnungsbau gefördert und als Eigentumswohnungen mit Erfolg auf den Markt gebracht.

Wegen der großen Nachfrage wurden später nochmal zwei ähnliche Bauten in schwarz (schwarze Finnstadt) errichtet. Bis heute sind die Gebäude, nahe am Barkenbergsee und somit attraktiv gelegen, in gutem Zustand.

Lage: Dorsten-Wulfen, Napoleonsweg

Weitere besuchte Siedlungen u. siedlungsähnliche Strukturen

Duisburg		
Beamten-siedlung Bliersheim (1903-1910, Rheinhausen-Bliersheim)		Die Villensiedlung entstand Anfang des 20. Jh. für leitende Angestellte des Krupp-Hüttenwerks Rheinhausen. Architekt: Robert Schmohl. Von den 17 gebauten Villen sind 9 erhalten. Seit Mitte der 1970er Jahre waren sie unbewohnt und verfielen. 1988 wurden sie unter Denkmalschutz gestellt und bis 1996 wetterfest gemacht und gesichert. Sie werden gewerblich genutzt und sind nicht bewohnt..
Dichtervier-tel (1905-1918), Duisburg Hamborn		Zwischen 1905 und 1918 für die Bergleute der Zeche Friedrich Thyssen von der Gewerkschaft Deutscher Kaiser errichtete Siedlung mit 370 Gebäuden in 25 Hofgevierten in einem rasterförmigen Straßengrundriss. Viele Straßen sind nach Dichtern benannt.
Hamm		
Alte Kolo-nie (1912-1923), Hamm-He-essen		Diese Bergarbeiterkolonie umfasst 75 Wohnungen in freistehenden Mehrfamilienhäusern in denen heute 450 Bewohner leben.
Oberhausen		
Ripshorster Straße (1889-1920er Jahre)		Die Siedlung wurde in drei Bauabschnitte von 1889 bis in die 1920er Jahre errichtet. Hier leben 220 Menschen in 68 Wohneinheiten. Erste Häuser wurden 1969 abgerissen, doch Bürgerengagement rettete die Siedlung und 2003 begann eine Sanierung.

5.2 Übriges NRW

Siedlung Panneschopp (1929-1931) ★

Die Siedlung wurde von Philipp Kerz, Leiter des städtischen Hochbauamtes Aachen, geplant. In der Nähe liegen Industriebetriebe. In den 1920er Jahren war dies eine der größten Aachener Initiativen zur Linderung der Wohnungsnot. Zwei- bis Fünfzimmerwohnungen mit Toilette jedoch ohne Bad wurde erstellt. Der Zimmerpreis betrug acht bis zwölf Mark monatlich. Die Grundrisse waren flexibel, zwei Kleinstwohnungen konnten zu einer größeren zusammengelegt werden.

Standort: ca. 2 km östlich der Innenstadt

Zechensiedlung Neustadt (1920er) ★ 📄

Die Siedlung nördlich der früheren Zeche Westfalen wurde 1910 bis 1924 unter der Leitung des Stadtplaners Josef Stübben und dem Einfluss der Gartenstadtbewegung konzipiert. Unterschiedliche Haustypen, oft giebelständige Doppelhäuser mit Mansarddächern, und unterschiedliche Verputzung lasen die Siedlung nicht mehr sehr einheitlich wirken.

Lage: ca.1.5 km südöstlich des Bahnhofs

Kinder- und Jugenddorf Bethanien (1962-1968) ★ ★ 📄

Die Dominikanerinnen kauften Anfang der 1960er Jahre ein Gelände in Bergisch Gladbach-Refrath, welches erst durch Bergbau, später durch eine Dynamikfabrik industriell genutzt worden war. Der Architekt Gottfried Böhm (1920-2021), der später in der Stadt weitere bedeutende Gebäude hinterließ, wurde mit dem Entwurf beauftragt. Es entstand ein Dorf für insgesamt 100 Kinder in dessen Mittelpunkt ein kristallin wirkendes Kirchengebäude steht.

Lage: BG-Refrath, Neufelderweg 26

Schlieperblock (1928-1932) ★ 🗎

Die Siedlung wurde in drei Abschnitten, 1928-30, 1930-32 und 1936 errichtet. Der im Stadtbaurat tätige Architekt Theodor Hennemann (1901-1987) entwarf das Ensemble im Stil der Moderne der 1920er Jahre (Neue Sachlichkeit) und gehört zu den seltenen Anlagen dieser Zeit, die fast geschlossen bis heute erhalten geblieben sind. 2011 wurde die Siedlung unter Denkmalschutz gestellt und 2016 grundlegend saniert.

Lage: Ankerstraße

Germania-Siedlung (1919-1928) ★ 📄

19 Architekten planten unter der Leitung von Fritz-Hans, Technischer Direktor der Wohnungsbaugesellschaft, unterschiedliche Gebäudetypen, die auf einem 0.18 km² großen Grundstück verwirklicht wurden. Mit 1453 Wohneinheiten und 17 Ladenlokalen war die Germaniasiedlung 1928 die größte Wohnsiedlung Deutschlands. Seit 2006 wird die denkmalgeschützte Siedlung saniert. Die interessantesten Bauten finden sich in der Weimarer Straße.

Standort: Stadtteil Höhenberg (rechtsrheinisch)

Naumannsiedlung (1927-29) ★ 🗎

Der in Auschwitz ermordete jüdische Architekt Manfred Faber (1879-1944) war Leiter des Architektenkonsortiums, welches für die gemeinnützige Wohnungsbaugesellschaft 1927-29 die Siedlung errichtete. Die Siedlung wurde bis 2020 saniert und zeigt sich heute in gutem, einheitlichen Zustand. Die Sanierung erhielt 2012 einen Denkmalschutzpreis.

Standort: Stadtteil Riehl

Indianersiedlung Zollstock (1920er Jahre-) ★ 🗎

Diese Siedlung entstand Ende der 1920er Jahre als Notverordnungen des Reichskanzlers Brüning dem damaligen Kölner Oberbür-  germeister Adenauer ermöglichten, kinderreichen Familien und Arbeitslosen mit nur geringen Auflagen Grund zur Bebauung zu überlassen. Da mit dem Bau spätestens innerhalb eines Jahres begonnen werden musste, wurden viele Häuser mit einfachen Mitteln in Eigenarbeit und somit individuell erstellt. Nach dem 2. Weltkrieg kamen Flüchtlinge in die Siedlung, später Studenten und Aussteiger. Zeitweise war die Siedlung durch die Erweiterung des Südfriedhofes bedroht. Doch eine Genossenschaft kaufte der Bahn das Gelände ab.

Lage: Köln Zollstock, Kalscheurer Weg

Ter- Meer-Siedlung (1921-1922) ★

Der Industrielle Edmund Ter Mer, Gründer einer Teerfarbenfabrik, beauftragte den Krefelder Architekten Heinrich Oedinger (1865-1938) mit dem Bau einer Siedlung mit 116 Häusern im Sinne der Gartenstadtbewegung. Realisiert wurden schließlich 62 Backstein-Häuser in historistischem Stilmix mit 94 Werkswohnungen.

Lage: im Norden Uerdingens

Webersiedlung Engelbleck (1927-1928) ★ 🗎

Eine Tafel am Gebäude im Bild unten informiert, dass die Siedlung Engelbleck Denkmalstatus hat, 1927 bis 1928 erbaut wurde und von 1980 bis 1992 umfassend saniert wurde. Der Gebäudetypus wirkt gehoben. Die Siedlung in der ehemaligen Textilstadt Mönchengladbach (,Rheinisches Manchester') fällt in der Weihnachtszeit durch ihre exzessive Weihnachtsbeleuchtung auf.

Lage: im Norden der Stadt, Weberstraße, Spinnerstraße

Südliche Furth (2004-2008) ★

Auf dem Gebiet eines ehemaligen Containerbahnhofs wurde 2004-2008 die Wohnsiedlung „Südliche Furth" errichtet. Sie zeichnet sich durch kleine Wasserläufe und eine dezentrale Anordnung von Freiflächen aus. Die Wohnblöcke sind in Grün und Orange gehalten.

Lage: Nordwestlich des Hauptbahnhofs

Weitere besuchte Siedlungen u. siedlungsähnliche Strukturen

Düren		
Siedlung Grüngürtel (1914-1932), Goebenstraße		Für die Arbeitersiedlung wurden erst Einfamilienhäuser, nach 1920 Mehrfamilienhäuser erbaut, teilweise im Stil des Backsteinexpressionismus. Im 2. Weltkrieg nicht zerstört.
Köln		
Zollstock (1927-1930), Zollstockgürtel		Vom Kölner Architekten Walter Riphan (1889-1963) gestaltete von der Bauhausarchitektur beeinflusste Siedlung im Süden Kölns.
Mönchengladbach		
Bökelberg (2006-), Ecken		Nach Abriss des legendären Bökelbergstadions im Jahre 2006 entstand auf einem Teil des Stadiongeländes eine gehobene Wohnsiedlung. Elemente des früheren Stadions, darunter ein Teil des Rasens und der Ränge sind noch erlebbar geblie-
Krefeld		
Siedlung Ritterfeld (1921-1927), Ritterstraße, östl. Hbf		Nach Plänen des Krefelder Architekten Franz Lorscheidt (1887-1962) wurde eine Siedlung mit 300 Kleinwohnungen geplant. 1921-22 wurden in einem ersten Bauabschnitt 62 Häuser erbaut. Erscheinungsbild der durch Umbauten heute heterogen

6. Rheinland-Pfalz

Im Kapitel enthaltene Top 77-Siedlungen:

Stadt	Siedlung	Erbaut
Ludwigshafen	Ebertsiedlung	1927-29
Ludwigshafen	Neue Höfe	1918-1920
Ludwigshafen	Kolonie	1872-1911
Worms	Kiautschau	1898-1914

Rheinland-Pfalz ist hier hauptsächlich durch Siedlungen in der Industriestadt Ludwigshafen vertreten. Zudem ist eine Arbeitersiedlung in Worms enthalten.

Innenstadtblock in Ludwigshafen

Wislicenusblock-Neue Hofgärten (1918-20) ★ 📄

Die nach dem Chemiker Johannes Wislicenius (1835-1902) benannte Wohnanlage wird heute als Neue Hofgärten vermarktet und wurde nach Ende des 1. Weltkriegs von der BASF für ihre Mitarbeiter errichtet. Der Wohnkomplex mit 23 Merhfamilienhäusern umfasst drei große Innenhöfe und steht unter Denkmalschutz.

Lage: Hemshof, Leuschnerstraße

Werkssiedlung Kolonie (1872-1911) ★

Aufgrund des rapiden Wachstums der Chemiefabrik wurden ab 1872 Werkswohnungen errichtet, um Facharbeiter zu binden. Die Qualität der Wohnungen in der Kolonie war damals weit überdurchschnittlich. Das Wohnrecht war jedoch an Wohlverhalten und Betriebstreue gebunden. An den Rändern der Siedlung wurden sogar Aufseherhäuser platziert. Heute gilt die Wohnlage in der Stadt als attraktiv.

Lage: Hemshof, Leuschnerstraße

Ebertsiedlung (größter Bauabschnitt 1927-1929) ★

Der größte Bauabschnitt der Ebertsiedlung wurde 1927-19

errichtet. In der NS-Zeit kamen weitere Bauten hinzu. 1944 gab es durch Bombardierung große Zerstörungen. Nach dem Krieg kam es bis Mitte der 1950er Jahre. zum Wiederaufbau und Neubau von

Häuserblöcken nach alten Plänen. Seit 2003 wird eine energetische Sanierung der heute 713 Wohnungen durchgeführt.

Lage: um die Ebertstraße

Kiautschau (1898-1914) ★ 🗎

Initiiert wurde die Siedlung durch den Lederfabrikanten Wilhelm von Heyl zu Herrnsheim für die Arbeiter seiner am Stadtrand von Worms gelegenen Fabrik. Er stellte auch das Gelände zur Verfügung. Bis 1914 wurde 133 Häuser mit insgesamt 303 Wohnungen (mit jeweils 35-70 m² Wohnfläche) für etwa 2000 Einwohner errichtet. In den 1920er Jahren kam noch ein Torbau hinzu. Die Wohnungen hatten Gas- und Wasseranschluss aber erst ab 1934 Strom. Nur der nördliche Teil der Siedlung war von Kriegszerstörungen betroffen. Die Siedlung ist heute eine Denkmalzone.

Standort: ca. 1 km westlich der Kernstadt, Pestalozzistraße

7. Hessen

Im Kapitel enthaltene Top 77-Siedlungen:

Stadt	Siedlung	Erbaut
Buchschlag	Villenkolonie	1904-1914
Darmstadt	Mathildenhöhe	1900-1901
Frankfurt	Bruchfeldstraße	1926-1928
Frankfurt	Römerstadt	1927-1928

In Hessen war Frankfurt die Metropole des Neuen Bauens, während Darmstadt auf der Mathildenhöhe Jugendstil-Akzente setzte, auch mit Künstler-Wohnhäusern, die ihr teilweise Siedlungscharakter verleihen. Eine Überraschung ist die heute gehobene Villenkolonie Buchschlag, die einst als Gartenstadt für Arbeiter geplant war.

Mathildenhöhe Darmstadt

Villenkolonie Buchschlag (1904-1914) ★ ★ 📄

Ursprünglich sollte im vom Frankfurter Kaufmann Jakob Latscha erworbenen Waldgebiet zwischen dem Bahnhof und Sprendlingen ein Wohngebiet für Arbeiter im Sinne der englischen Gartenstadt-bewegungen entstehen. Die Grundstücke sollten mindestens 1000 m² groß sein, die Gebäude waren in Backstein auszuführen mit Sandsteinsockel, Sichtfachwerk, Schindeln, Schiefer- oder Biber-schwanzdächer. Durch diese Vorgaben wurden die Häuser so teuer, dass schließlich das Bürgertum die Grundstücke erwarb und das gebiet zu einer Villenkolonie wurde. Wichtigster Architekt der Ko-lonie war Wilhelm Koban (1885-1961).

Lage: Dreieich-Buchschlag

Darmstadt

Künstlerkolonie Mathildenhöhe (1900-1901) ★ ★ 📄

1899 berief der Großherzog von Hessen Ernst Ludwig sieben Jugendstilkünstler an die neu gegründete Künstlerkolonie in Darmstadt. Bis zur ersten Ausstellung 1901 wurde die Kolonie mit den
Künstlerhäusern fertiggestellt. Das größte Haus der Kolonie war
das von Joseph Maria Olbrich (1867-1908) für den Möbelfabrikanten und Koloniefönderer Julius Glückert (1871-1938) erbaute
Wohnhaus (Großes Glückerthaus, Bild unten). Nebenan (auf dem
Bild links) ein ebenfalls von Olbrich gestaltetes Haus mit Bildhau-
erarbeiten von Rudolf Bosselt (1871-1938) an der Fassade. Bosselt
war ursprünglich Bauherr, konnte dann aber den Bau nicht bezah-
len, weshalb das Haus von Julius Glückert übernommen wurde.
Für die anderen sechs Jugendstilkünstler der Kolonie, Peter Beh-
rens, Paul Bürck, Hans Christiansen, Ludwig Habich, Patriz Huber
und Joseph Maria Olbric wurden ebenfalls eigene Häuser errichtet:

Lage: Mathildenhöhe

Römerstadt (1927-1928) ★ 📄

Unter dem Stadtplaner Ernst May (1886-1970) und durch den Architekten Carl-Hermann Rudloff wurde Ende der Zwanziger Jahre im Norden Frankfurts die Großsiedlung Römerstadt mit 1220 Wohneinheiten errichtet. Eine Besonderheit war die Ausstattung der Wohnungen mit der damals neuen Frankfurter Küche, dem von der Wiener Architektin Margarete Schütte-Lihotzky (1897-2000) entwickelten Urtyp der modernen Einbauküche.

Lage: Im Südwesten des Stadtteils Heddernheim

Siedlung Bruchfeldstraße (1926-1928) ★ 📄

Die erste Anlage im Kontext des Projektes Neues Frankfurt, welche Ernst May als Stadtbaudirektor in Frankfurt verantwortete, war die Siedlung Bruchfeldstraße mit 643 Wohneinheiten. Der städtebauliche Kontext legte eine dreigeschossige Bebauung nahe. Die neuartige Gestaltung und die versetzten Fronten führten zum Siedlungsbeinamen *Zickzackhausen*.

Lage: Frankfurt-Niederrad

8. Baden-Württemberg

Im Kapitel enthaltene Top 77-Siedlungen:

Stadt	Siedlung	Erbaut
Friedrichsh.	Zeppelindorf	1914-1919
Heidelberg	Bahnstadt	2011-
Karlsruhe	Dammerstock	1928-29
Mannheim	Siedlung Reiherplatz	1918-1919
Mannheim	Franklin-Village/Siedlung	2024-
Plochingen	Wohnen unt. Regenturm	1991-1994
Stuttgart	Weißenhofsiedlung	1910-1938
Stuttgart	Ziegelklinge	1927-1928
Ulm	Grabenhäusle	1610-1633

Mit der Weißenhofsiedlung als Ikone der modernen Architektur hat Stuttgart eine der bekanntesten 1920er Jahre Siedlungen Deutschlands. Mannheim ist wiederum die Stadt der Arbeitersiedlungen. Die Spiegelkolonie ist die älteste Wohnsiedlung Mannheims. Sie wurde ursprünglich für die aus Lothringen stammenden Arbeiter der Spiegelfabrik einer Pariser Spiegelglas-Manufaktur errichtet. Nach Abriss eines großen Teils der Siedlung in den 1960er Jahren blieb nur ein Wohnblock von 1865, das Beamtenhaus und eine Kantine erhalten. Bis 2005 wurden die erhaltenen Gebäude saniert.

Spiegelkolonie (1862-1865) in Mannheim-Waldhof

Friedrichshafen

Zeppelindorf (1914-1919) ★ 🗎

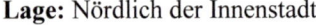

Baubeginn dieser Siedlung der Zeppelin Wolfahrt Gmbh am Rande des Zeppelinwerftgeländes war kurz vor Beginn des 1. Weltkriegs, Fertigstellung erst nach dem Krieg. Verantwortliche Architekten der Siedlung mit ihren 33 Einfamilienhäusern und 79 Doppel- und Reihenhäusern waren Paul Bonatz (Stuttgarter Hbf) und Friedrich Eugen Scholer. Zu jedem Haus gehört ein großer Garten. Im Zweiten Weltkrieg gab es starke Schäden, doch die Siedlung wurde wiederaufgebaut. Seit 2000 wird sie saniert und modernisiert.

Lage: Nördlich der Innenstadt

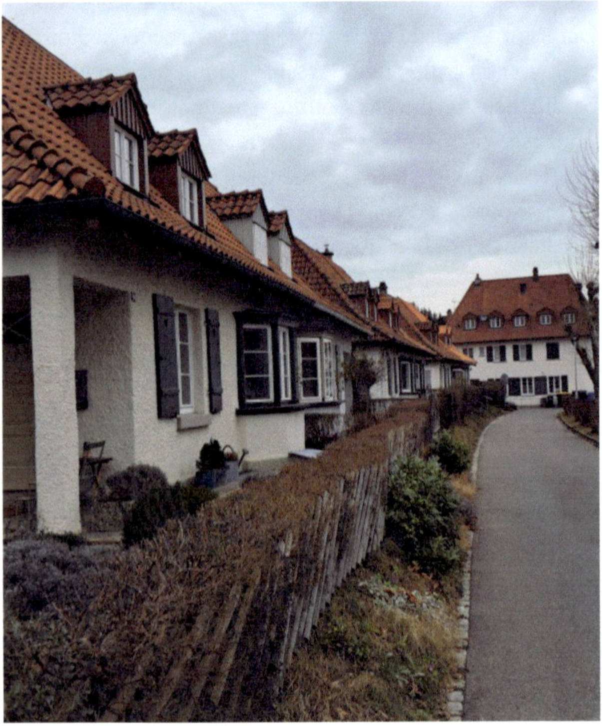

Bahnstadt (2011-) ★

Die Bahnstadt, auf aufgegebenem Bahngelände in der Nähe des Heidelberger Hbf verwirklicht, ist mit 5500 geplanten Wohnungen und 7000 Arbeitsplätzen die größte Passivhaussiedlung der Welt. Geplant wurde sie durch das Mannheimer Büro Werkstatt Fischer Architekten.

Lage: direkt südwestlich vom Bahngelände des Hbf

Dammerstock (1928-29) ★ 📄

Der Bauhausarchitekt Walter Gropius hatte den ersten Preis für seinen Entwurf im Sinne des Neuen Bauens bekommen und übernahm die Leitung des ersten Bauabschnittes, der von Nord-Süd orientierten Zeilenbauten geprägt war. Das langgezogene Waschhaus (Bild) wurde von Otto Haesler entworfen. Bereits im Herbst 1929 konnte 228 Wohnungen eingeweiht werden. Durch die Weltwirtschaftskrise konnte die Siedlung 1929 nicht fertiggestellt worden und wurde nach der NS-Machtergreifung ab 1934 durch Bauten im Heimatstil ergänzt.

Lage: ca. 1 km südlich des Hauptbahnhofs

Siedlung Reiherplatz (1918-1919) ★

Unmittelbar nach dem Ende des 1. Weltkriegs kam es zu einem Beschluss des Mannheimer Gemeinderats, für unter Wohnungsnot leidende kinderreiche Familien eine Siedlung im Käfertal, welches 1898 eingemeindet worden war, zu errichten. Die Anlage wurde von Gustav Adolf Patz, Vorstand städtischen Wohnungsamtes, geplant. Nach kurzer Bauzeit entstanden bis 1919 21 Eigenheime und 12 große Mietshäuser mit insgesamt 98 Wohneinheiten. Den Häusern sind Gartenparzellen zugeordnet. Der Reiherplatz bildet durch Torhäuser an beiden Enden einen Wohnhof.

Standort: Käfertal, nördlich der Innenstadt

71

Franklin-Siedlung (2024-) ★

Auf dem ehemals größten US-Militärgelände in Deutschland ist der neue Mannheimer Stadtteil Franklin im Bau. Hier sollen einmal 9300 Menschen wohnen und 2000 Arbeitsplätze entstehen. Vier auffallende, jeweils über 50 m hohe Hochhäuser mit mehr als 100 Wohneinheiten und wie Buchstaben gestaltet sollen einmal das Wort „HOME" ergeben. Zeitweise kam der Bau des M nicht voran, so dass bisher erst HOE (Hure) zu lesen ist.

Lage: nördlich der Innenstadt

Wohnen unterm Regenturm (1991-1994) ★ 📄

Vom österreichischen Künstler Friedensreich Hundertwasser (1928-2000) mitgestaltet, er entwarf etwa den 33 m hohen Regenturm mit seinen vier vergoldeten Kugeln, entstand in Plochingen Anfang der 1990er Jahre eine Anlage mit 62 Wohnungen (6800 m²), begrünten Dächern, Wasserspielen im Innenhof sowie gewerblicher Nutzfläche (5500 m²)

Lage: Unterm Regenturm 5

Weißenhofsiedlung (1927) ★ ★ 🗋

Vom Deutschen Werkbund unter der Leitung von Ludwig Mies van der Rohe als Teil der Ausstellung ,Die Wohnung' initiiert wurde von führenden Architekten des Neuen Bauens in Stuttgart-Degerloch 1927 die Weißenhofsiedlung errichtet. Etwa die Hälfte der Gebäude wurde im Zweiten Weltkrieg zerstört. Später veränderten Umbauten weiter das ursprüngliche Erscheinungsbild. Im von Le Corbusier und Piere Jeanneret entworfenen Doppelhaus (siehe unten) ist heute das Weissenhofmuseum eingerichtet.

Lage: Stuttgart-Killesberg

Kochenhofsiedlung (1933) 📄

Die unweit der Weißenhofsiedlung gelegene Kochenhofsiedlung war ein traditionalistisches Gegenmodell unter Leitung des Architekten Paul Schmitthenner und der Stuttgarter Schule. Sie ist von Satteldachhäusern in Holzbauweise geprägt. Durch Kriegszerstörungen und Umbauten ist das Siedlungsbild heute nicht mehr sehr einheitlich.

Lage: Stuttgart-Killesberg

Siedlung Ziegelklinge (1927-1928) ★ 📄

Diese Wohnsiedlung im Bauhausstil bzw. dem Stil der neuen Sachlichkeit wurde nach Plänen des Stuttgarter Architekten Albert Schieber (1875-1946) errichtet. Ursprünglich als Lungenheilstätte für Tuberkulosekranke errichtet wurden die Gebäude später zu einem Ledigenwohnheim umgewandelt. Heute stehen die 26 Reihenhäuser allen Bevölkerungsgruppen offen. Die großzügigen Wohnungen (100 m²) in Südhanglage gelten heute als attraktiv.

Lage: Stadtbezirk Süd

Grabenhäusle (1610-1633) ★

Die Grabenhäusle wurden zwischen 1610 und 1633 für Stadtsolda-
ten in Reihenbauweise auf die Stadtmauer gesetzt. Von dort konnten diese in den zur Befestigung gehörenden Graben blicken. Nach
dem Ende der Reichstadtzeit wurden die Häuser privatisiert und
Soldaten und Witwen solcher stellten die meisten Käufer. Später
wurden die Grabenhäuser zunehmend von der städtischen Unter-
schicht bewohnt. Heute sind die Häuser im Besitz einer städtischen
Wohnungsgesellschaft. In den 1980er Jahren wurden die 35 erhaltenen Häuser modernisiert.

Lage: nordöstliche Innenstadt

9. Bayern

Im Kapitel enthaltene Top 77-Siedlungen:

Stadt	Siedlung	Erbaut
Augsburg	Fuggerei	1521
Augsburg	Lessinghof	1930-31
München	Borstei	1852-1865

Nur zwei Städte sind im Bayernkapitel enthalten: Augsburg, mit der berühmten Fuggerei als ältester Sozialsiedlung weltweit und München mit der stimmungsvollen Borstei. Nicht aufgenommen in die Liste der 77 wurde die ebenfalls besuchte Münchner **Siedlung Neuramersdorf** (1928-1930). Bei der Ausschreibung des Architektenwettbewerbs ging es um größtmögliche Wirtschaftlichkeit, Typenbauweise und Einheitlichkeit. Die Siedlung wirkt deshalb heute nicht besonders ansprechend. Durch die Weltwirtschaftskrise wurden nur 1400 von 3500 geplanten Wohnungen verwirklicht. Die Architekten waren damals Oscar Delisle, Bernhard Ingerwesen, Richard Berndl.

Fuggerei (1516-1523) ★ ★ 🗎

Die 1521 von Jakob Fugger (1459-1525) für bedürftige Bürger
gestiftete, ab 1532 ‚Fuckerey' genannte Siedlung mit ursprünglich
52 Häusern und 104 Wohnungen, gilt als älteste Sozialsiedlung der
Welt. Baumeister war Thomas Krebs. Bis heute ist das
Stiftungsvermögen der Jakob Fuggers die finanzielle Grundlage
für ihre Unterhaltung. Nach starken Kriegszerstörungen wurde die
Fuggerein wieder aufgebaut und auf 67 Häuser mit 140 etwa 60 m^2
großen Wohnungen erweitert. Die Jahreskaltmiete beträgt bis heute
den Wert eines Rheinischen Guldens, das sind 0.88 Euro.

Adresse: Obere Brücke

Lessinghof (1930-31) und **Schuberthof** ★

Der Architekt Thomas erhielt 1930 von der städtischen Wohnungsbaugesellschaft Augsburgs den Auftrag, zwei Wohnanlagen an der Rosenaustraße zu bauen, den Lessinghof und den Schuberthof. Von Herbst 1930 bis August 1931 entstanden viergeschossige Flachdachbauten nach den Prinzipien des Neuen Bauens (Lessinghof Bild unten, Schuberthof Bild rechts).

Lage: 1 km südwestlich des Hauptbahnhofs

Borstei (1924-29) ★ ★ 🗎

Die Borstei wurde 1924-29 vom Architekten und Bauunternehmer Bernhard Borst (1883-1963) erbaut. Ursprünglich sollten hier Werkstätten von Borsts Bauunternehmen entstehen, aber auch moderne Wohnungen. Die Wohnblöcke waren mit fast allen damals modernen Annehmlichkeiten ausgestattet und sprachen ein eher gehobenes bürgerliches Publikum an.

Lage: östlich Dachauerstraße

10. Thüringen

Im Kapitel enthaltene Top 77-Siedlungen:

Stadt	Siedlung	Erbaut
Eisenach	BMW-Siedlung	1934-35
Pößneck	Siedlung Neustädter Straße	1922-1923
Ruhla	Altensteiger Straße	1926-1928

Thüringen mit seinen kleineren, eher historischen Städten ist nicht die Region wichtiger Großsiedlungen. Immerhin gibt es kleinere historische Siedlungen, darunter sogar in Pößneck. In der von Heinrich Tessenow (1876-1950) für Pößneck geplanten ersten und etwas außerhalb gelegenen Siedlung bringt er seine Theorien zum Ausdruck. Sie zeichnet sich durch gerade Straßen, die Verwendung Haustypen und deren handwerkliche, aber einfache Gestaltung. Zur halblandwirtschaftlichen Siedlung gehören 24 Hausgrundstücke mit großen Gärten. Anfangs waren diese nicht an das öffentliche Elektrizitätsnetz angeschlossen. Heute macht die Siedlung, auch weil der Denkmalschutz auf Bürgerbegehren nach 1989 aufgehoben wurde, allerdings einen wenig einheitlichen Eindruck.

Pößneck, Siedlung am Gruneberg (1921-22), Weidenbrunner Gasse

BMW-Siedlung (1934-35) ★ 📄

Eisenach war einst eine wichtige Autostadt, selbst BMW produzierte hier. Um den Bedarf an Wohnraum zu decken, wurde in Eisenach 1934-35 im Architekturstil der NS-Zeit 52 Mehrfamilienhäuser errichtet. Diese überstanden den Zweiten Weltkrieg unbeschadet, in der DDR-Zeit wurden jedoch die Sgraffiti aus der NS-Zeit entfernt. 2000-2001 wurde die Siedlung umfassend saniert.

Lage: nördlich der Innenstadt

Siedlung Neustädter Str./Saalbahnstraße (1922/23)

Für diese Siedlung verwendete Tessenow den Grundtyp eines
zweispännigen symmetrisches Wohnhaus. An den Tessenow-Bau-
ten wurden später vielfältige Veränderungen vorgenommen. In einer Wohnung im abgebildeten Gebäude wurden jedoch die origi-
nalen Farbbefunde der Innenräume restauriert und originale Türen
und Dielen erhalten.

Lage: östlich der Innenstadt

Siedlung Am Gries/Karl Liebknecht-Straße (1921/22)

Diese von Tessenow geplante Siedlung besteht aus zwei Hauszeilen von Ein- bis Zweifamilienhäusern. Tessenow wurde dabei von seinem Meisterschüler Franz Schuster (1892-1972) unterstützt. Erst finden sich traufständige Häuser, wo die Straße ansteigt schließlich giebelständige Häuser, was eine besondere Raumwirkung ergibt.

Lage: Entlang der Karl-Liebknecht-Straße, östl. der Innenstadt

Wohnanlage Altensteiger Straße (1926-28) ★ 🗎

Die Wohnanlage wurde 1926-1928 von Bauhausarchitekt Thilo Schoder im Stil des neuen Bauens errichtet. Es sollte den Wohnraumbedarf der kleinen Industriestadt Ruhla, die für ihre Uhrenproduktion bekannt ist, decken. In der NS-Zeit wurden die Flachdächer durch Spitzdächer ersetzt. Bei der Sanierung 1998 bis 2002 wurden der ursprüngliche Zustand einschließlich der Flachdächer wieder hergestellt. Während jedoch in den 1920er Jahren jeder Treppenraum ein gemeinschaftlich nutzbares Badezimmer im Dachgeschoss hatte, wurde nach der Sanierung jede Wohnung mit einem Badezimmer ausgestattet.

Lage: Altensteiner Straße 16-28a

11. Sachsen

Stadt	Siedlung	Erbaut
Dresden	Hellerau	1909-1914
Dresden	Hans-Richter-Siedlung	1929-33

Die wohl berühmteste Siedlung Sachsens ist die noch vor dem 1.
Weltkrieg durch den Möbelfabrikanten Karl Schmidt-Hellerau in
Dresden in Auftrag gegebene und von Richard Riemerschmied
verwirklichte Gartenstadt Hellerau in Dresden. Während die Innenstadt Dresdens am Ende des Zweiten Weltkrieges völlig zerstört wurde überstanden beide hier vorgestellten, am Rande der
Stadt gelegenen Siedlungen den Krieg ohne unbeschadet.

Gartenstadt Hellerau (1909-1913) ★★ 📄

Der gelernte Tischler und spätere Möbelfabrikant Karl Schmidt-Hellerau (1873-1948) gründete 1908 die Gartenstadt Gesellschaft Hellerau als erste deutsche Gartenstadt und Mustersiedlung für die Angestellten seiner Möbel-Produktionsstätte, welche qualitativen Prinzipien verpflichtet war. Der Münchner Architekt Richard Riemerschmied (1868-1957) konzipierte die Anlage und entwarf die Häuser. Bis 1913 wurden 383 Häuser errichtet.

Lage: Dresden-Hellerau

Großsiedlung Trachau (1929-1933, 1933-1939) ★ 📄

Bei einem Wettbewerb ging der Architekt Hans-Richter (1882-1971), Wegbereiter der Moderne in Sachsen genannt, als Sieger hervor, deshalb wird die Großsiedlung auch Hans-Richter-Siedlung genannt. Die von ihm entworfenen Flachdachgebäude verfügten über einen eigene Fernwärmeversorgung. Durch die Weltwirtschaftskrise wurden die Arbeiten an der Siedlung unterbrochen. Später wurde der Ausbau in traditioneller Bauweise fortgeführt. Anders als die Innenstadt wurde die Siedlung bei den Luftangriffen auf Dresden Anfang 1945 nicht zerstört.

Lage: Stadtteil Trachau, Kopernikusstraße

12. Sachsen-Anhalt

Stadt	Siedlung	Erbaut
Magdeburg	Herman-Beims-Siedlung	1909-1914
Schönebeck	Salzlagerhaus	1878
L. Wittenberg	Hans-Richter-Siedlung	1916

In Sachsen-Anhalt gibt es mehrere Orte mit interessanten Siedlungen, darunter Wittenberg mit der Piesteritzer Werkssiedlung und Magdeburg, unter anderem mit der Hermann-Beims-Siedlung. Zudem gibt es dort die Bunte Otto Richter Straße (Bild unten). 1921 wurde Bruno Taut (1880-1938) zum Stadtbaurat von Magdeburg berufen. Er war ein Vertreter des neuen Bauens und propagierte die Bunte Stadt Magdeburg, was noch an dieser Straße zu sehen ist.

Bunte Otto-Richter-Straße in **Magdeburg**

Hermann Beims Siedlung (1924-1932) ★ ★ 📄

Die 1924-1932 errichtete Hermann- Beims-Siedlung in Magdeburg ist nach dem ersten demokratisch gewählten Bürgermeister der Stadt benannt. Der Bau erfolgte nach einem Generalsiedlungsplan von Bruno Taut, Anfang der 1920er Jahre Stadtbaudirektor in Magdeburg. Ausführende Architekten waren Konrad Rühl, Gerhard Gauger, Adolf Otto und Willy Zabel. Es war die erste und größte Großsiedlung Magdeburgs. Ursprünglich waren 5000 Wohnungen vorgesehen, aufgrund der Wirtschaftskrise wurden jedoch nur etwa 2000 verwirklicht, zumeist 1925-1929 erbaut. Während die Innenstadt Magdeburgs im Krieg stark zerstört wurde, blieb die Hermann- Beims Siedlung vollständig erhalten. Heute eine in ihrer Geschlossenheit beeindruckende städtebauliche Sehenswürdigkeit.

Lage: Stadtfeld-West

Schönebeck

Salzspeicherhäuser (1878) ★

Das 1878 mit einer Fassade im Fachwerkstil erbaute Salzlagerhaus an der Elbe in Schönebeck (bei Magdeburg) gilt mit einer Länge von 133 m als längstes bewohntes Fachwerkgebäude Europas. Ab 1967 wurde das Gebäude als Großhandelslager für Haushaltswaren genutzt. In den 1980er Jahren sollte es für Plattenbauten Platz machen. Nach der Wende wurde das Lagerhaus zu einem Wohngebäude im Reihenhausstil umgebaut (21 Wohnhäuser mit Fachwerkfassade).

Lage: Elbweg 24

Piesteritzer Werksiedlung (1916) ★ ★ 🖺

Die Werksiedlung, große Fabrikanlagen befinden sich auf der anderen Seite der Bahnlinie, wurde 1916 erbaut, um Wohnraum für mehr als tausend Menschen zu schaffen, vom Industriearbeiter bis zum Betriebsleiter. Otto Rudolf Salvisberg und Paul Schmitthenner (184-1972) gehören zu den beteiligten Architekten, 393 Häuser wurden gebaut. Die Siedlung wurde zur Expo 2000 aufwändig und originalgetreu saniert und wurde zur ersten autofreien Siedlung Deutschlands. Das macht einen Besuch und auch das Fotografieren ohne störende geparkte Autos angenehm.

Lage: direkt südlich des Bahnhofs Wittenberg-Piesteritz

93

13. Mecklenburg-Vorpommern

In diesem Kapitel sind neben der im Stil des Neuen Bauens gehaltenen Kosegartensiedlung in Rostock auch die Wohngebäude des Heiliggeisthospitals in Stralsund enthalten.

Rostock

Kosegartensiedlung (1928-30) ★ 📄

Die 1928-1930 nach Plänen des Architekten Walter Butzek (1886-1965) für Kriegsversehrte des Ersten Weltkrieges errichtete Kosegartensiedlung liegt im bahnhofsnahen Hansaviertel Rostocks. Die Architektur im Sinne des Neuen Bauens bzw. der Neuen Sachlichkeit zeigt den Einfluss der Stuttgarter Weißenhofsiedlung. Durch Wärmedämmung und andere Strukturveränderungen ist das ursprüngliche Erscheinungsbild nicht ganz erhalten.

Architekt: Walter Butzek (1886-1965)
Lage: Hansaviertel, Engelstraße

Heiliggeisthospital (Elendenhaus: 1641) ★ 📄

Das Heiliggeishospital nahm immer schon Kranke und Hilfsbe-
dürftige auf und war stets in städtischem Besitz. Seit dem 13. Jahr-
hundert gab es hier ein Hospital, was immer wieder zerstört und
umgebaut wurde. Ein Kloster war die Anlage nie. Für einen geringen Betrag konnte man auch im Alter in einer der kleinen Zellen
wohnen. Heute werden sie an Einzelpersonen und Familien vermietet. Der Gebäuderiegel des Elendenhauses entstand 1641 (rotes
Gebäude Bild unten). 1996-1997 wurde die Anlage für 2.5 Millionen Euro saniert und ist heute eine wichtige Sehenswürdigkeit der
Stadt und eine attraktive, zentrale Wohnlage.

Lage: Hafennähe, Am langen Wall

14. Österreich

Wien ist für seine Gemeindebauten bekannt. Der bemerkenswerteste Gebäudekomplex ist dabei der Marx-Hof in Wien-Döbling.

Karl Marx Hof (1927-1930) ★ ★ 📄

Eigentlich keine Siedlung, obwohl es fast so wirkt, sondern mit 1050 m Länge der längste zusammenhängende Wohnbau der Welt. Architekt des Gebäudes war der Otto-Wagner-Schüler **Karl Ehn** (1884-1959). Die meisten Wohnungen waren ursprünglich nur 45 m² groß. Ursprünglich waren es 1325 Wohnungen. Im Dritten Reich trug die Anlage einen anderen Namen.

Lage: Heiligenstädter Straße, Wien-Döbling

96

15. Frankreich

Abraxas (1982) 🖺

Im Pariser Umland gibt es zahlreiche interessante Wohnanlagen. Während sie in den 1970er und 1980er Jahren visionär und avant-gardistisch waren, baut man dort heute oft konservativer und traditioneller. Denn manche der architektonischen Visionen haben sich, auch durch soziale Segregation, fast als dystopisch erwiesen. Dazu zählt fast auch die Wohnanlage Abraxas im östlichen Pariser Vor-ort Noisy-Le-Grand, die der spanische Architekten Ricardo Bofill (1939-2022) entworfen hat.

Lage: Av. Du Mont d´Est

16. Belgien

Cité Logis – Floréal (1921-1930 ★ ★ 📄

Die Gartenstädte Cité Floréal und Logis wurden durch den belgischen Architekten Jean-Jules Eggericx (1884-1963) erbaut.

Logis

Die Gartenstadt Logis zeigt grüne Türen und grüne Fenstersprossen, wurde im Wesentlichen zwischen 1922 und 1924 und teilweise zwischen 1926 und 1951 erbaut. Sie besteht aus 726 Einfamilienhäusern und 164 Appartements.

Lage: Watermael-Boitsfort

Cité Floréal

Die Gartenstadt Floréal wurde im Wesentlichen zwischen 1922 und 1930 errichtet. 653 Wohnungen und 350 Einfamilienhäuser wurden dabei gebaut. 1949 kamen noch 108 und 1965 56 Wohnungen, in Wohnanlagen hinzu. Die Einfamilienhäuser zeichnen sich durch die Farbe Gelb für Elemente wie Türen und Fensterrahnen aus. Architekt war ebenfalls Jean-Jules Eggericx (1884-1963).

Lage: Watermael-Boitsfort

Studentenwohnheim La mémé (1972) ★ ★ 📄

Bekanntestes Projekt des belgischen Architekten Lucien Kroll (1927-2022) ist die Site de la Mémé in Brüssel-Woluwe-Saint-Lambert. Dieses Projekt stellt eine Erweiterung des Campus der Katholischen Universität Löwen (UCL) dar und besteht aus einem Wohnheim, einem Ärztehauses, einem Rathaus, einer Schule, einer Mensa und einem Wirtschaftsgebäude. Auch die Metrostation am Gebäudekomplex und ihre Umgebung wurde in die Gestaltung einbezogen.

Lage: Brüssel Woluwé SL, Metro Alma

17. Niederlande

Die Niederlande sind für ihre progressive Architektur bekannt, darunter Kubushäuser in den Siebzigern und Kugelhäuser in den 1980ern. Heute wird in den Niederlanden wieder etwas traditioneller und konservativer gebaut.

Ein neuer Trend ist zirkuläre Architektur, die möglichst viel Baumaterial von Altbauten für Neubauten nutzt. Im limburgischen Kerkrade stehen im Rahmen des Projekts Super-Local drei Häuser, die aus recyceltem Material abgebrochener Gebäude erbaut wurden.

Superlocal (3 Recyclinghäuser) , Kerkrade

Helmond

Kubushäuser (1977) ★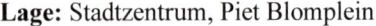

Die von Piet Blom (1934-1999) entworfenen Kubushäuser (NL: kubuswoningen) wurden in Rotterdam und Helmond verwirklicht. In Helmond wurden 1977 um den Vorplatz eines Theaters 18 Kubushäuser platziert. Das Theater brannte 2011 ab und dabei wurden zwei Häuser beschädigt. 2013-1014 wurden diese wieder saniert.

Lage: Stadtzentrum, Piet Blomplein

s'Hertogenbosch

Bolwoningen (1984) ★★ 📄

Die 50 kugelartigen Häuser wurden vom Künstler und Bildhauer Dries Kreijkamp entworfen. Sie bestehen aus glasfaserverstärktem Beton und wurden in Rotterdam vorgefertigt. Die Aufstellung eines solchen Hauses dauerte nur einen Tag. Jedes Haus bietet 55 m^2 Wohnfläche und hat drei Ebenen: unten das Schlafzimmer, in der mittleren Ebene das Badezimmer und ganz oben das Wohnzimmer.

Lage: Maasport

Rotterdam

Kubushäuser (1977) ★ ★ 📄

Ursprünglich sollten 55 der von Piet Blom (1934-1999) entworfenen Kubushäuser in Rotterdam gebaut werden. Verwirklicht wurden aber nur 38 kleinere sowie 2 Super-Cubes. Die Wohnungen sind etwa 100m^2 groß, aber die nutzbare Fläche ist wegen der Schrägen kleiner. 2009 wurden einige der größeren Einheiten in ein Hostel umgewandelt. 2019 wurde ein Kubus zu einem Kunst-Kubus mit Ausstellungen umgewandelt.

Lage: Stadtzentrum, Overblaak

18. Skandinavien

In Skandinavien findet sich in Dänemark die progressivste Sied-
lungs-Architektur, wie Beispiele in Velje und Arhus zeigen. Die
norwegische Hauptstadt hat wiederum eine von der britischen Gartenstadtbewegung beeinflusste Siedlungskultur.

Arhus

Isbjerget (2013) ★ 📄

Der 2013 fertiggestellte Wohnkomplex Isbjerget (Eisberg) ist das
ikonischte Gebäude des neuen Wohnviertels im ehemaligen In-
dustriehafens von Arhus. Dänische (CEBRA, JDS), französische
(Louis Pallard) und holländische (seARCH) Architekturfirmen haben die Wohnanlage entworfen. Der Komplex besteht aus 4 bis 10
Stockwerke hohen Bauten mit 208 Eigentums- und Mietwohnun-
gen, welche 55-200 m² groß sind.

Lage: Hafen von Arhus

Bølgen, The Wave (2009-2018) ★ ★ 📄

Die ersten zwei Wellen der von Henning Larsen Architects entworfenen Wohnanlage in der an der Ostküste Jütlands gelegenen dänischen Stadt Vejle wurden 2009 fertiggestellt. Durch die Finanzkrise wurden die Arbeiten zeitweise eingestellt und die letzten drei Wellen erst zwischen 2015 und 2018 fertiggestellt. In jeder Welle finden sich 20 Wohnungen, insgesamt sind es 100, die größten, an der Spitze der Wellen gelegen, sind 240 m² groß.

Lage: Küste nördlich des Stadtzentrums, Ved Bølgen

Arctanderbyen (1910-1911) ★ 🗎

Arctanderbyen ist eine aus 29 Häusern bestehende Wohnsiedlung im Gartenstadtstil entlang der Straße Svingen in den Hügeln im Norden Oslos, entworfen von den Architekten Christian Morgenstierne und Arne Eide.

Lage: Ekebergviertel, Svingen

Uleval Hageby (1918-1926) 📄

Die von Oscar Hoff (1875-1942) und Harald Hals (1876-1959) entworfene Gartenstadt Uleval Hageby im Norden Oslos etwa umfasst 116 Gebäude und 653 Wohnungen, was sie zur größten Gartenstadt Norwegens macht.

Lage: Nordre Aker (Norden von Oslo)

19. Großbritannien

In Großbritannien gehören zu den bemerkenswerten Siedlungsformen die ersten Gartenstädte Europas, aber auch gehobene Viertel im brutalistischen Stil, wie das Barbican in London.

Letchworth Garden City

Letchworth Garden City ★ 📄

Der Stadtplaner **Ebenezer Howard** (1850-1928) verwirklichte in Letchworth nördlich von London ab 1904 die erste Gartenstadt Europas. Dort findet sich auch der erste Verkehrskreisel (Roundabout) Großbritanniens und auch Europas.

Lage: Stadt in Hertfordshire, 50 km nördlich von London

Barbican Estate (1965-1977) ★ ★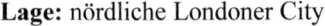

In der nördlichen Londoner City kam es im Zweiten Weltkrieg zu starken Zerstörungen der Bausubstanz. Der Wiederaufbau folgte teilweise in modernen Strukturen wie Bürohochhäuser und eine Wohnsiedlung im brutalistischen Stil, das Barbican Estate, welches 1965-1977 errichtet wurde und 2000 Wohnungen enthält. Zum Barbican gehören vier 1971-1976 errichtete etwa 120 m hohe Wohnhochhäuser, damals die höchsten in London, sowie das Kulturzentrum Barbican Centre. Barbican gilt als gehobenes Wohngebiet, hier wohnten bereits Politiker, Künstler und Fußballer.

Lage: nördliche Londoner City

Welwyn Garden City (1920er) 📄

Welwyn Garden City ist von Ebenezer Howard in den 1920ern als zweite britische Gartenstadt nach Letchworth gegründet worden. Entworfen wurde die Gartenstadt von Louis de Soissons. Während Letchworth den ersten Roundabout hatte, gab es in Welwyn ab 1943 erstmals „Meals on Wheels" (Essen auf Rädern) für bedürftige Bürger.

Lage: Stadt in Hertfordshire, 35 km nördlich von London

20. Slowakei

Nach dem Ende der Planwirtschaft mit ihren sozialistischen Wohnformen wie Plattenbauten gab es in Mittel- und Osteuropa eine nachholende Suburbanisierung mit individuellen Eigenheimen. Die Hinwendung zu ökologischen Bauformen setzt dabei erst langsam ein. Nach einem Entwurf des deutschen Lehmbauexperten Prof. Minke und der slowakischen Architektin Zuzana Kierulfova ist im Umland der slowakischen Hauptstadt Bratislava 2007 ein experimentelles Strohballenhaus gebaut worden. Ein Trend bzw eine entsprechende Siedlung ist daraus bisher jedoch noch nicht entstanden.

Lage: am Stadtrand von Hruby Sur

Schlusswort

Ich hoffe, die kleine Sammlung von interessanten Siedlungen ist für die LeserInnen unterhaltsam und anregend. Über Hinweise zu weiteren interessanten Siedlungen würde ich mich freuen. Kommentare zur bestehenden Sammlung sind ebenfalls willkommen. Am besten an:
Richard.deiss@gmail.com

In Landau/Isar gesehen.

Zum Autor

Richard Deiss stammt aus Isny im Allgäu, studierte in den 1980er Jahren in München Geografie und arbeitete ab den 1990er Jahren als Verkehrsplaner und im Bereich der Statistik. Heute lebt er in Kerkrade und Isny. Bei BoD hat er seit 2006 bereits 77 Titel publiziert, zuletzt zehn Bücher zu Fachwerkhäusern. Zurzeit arbeitet er an einer Buchreihe zu Gedenk- und Informationstafeln. Seine Bücher decken Themengebiete ab, zu denen es bisher wenige Veröffentlichungen gibt.

Quellennachweis:

Bilder: Richard Deiss,

Berlin: Siemensstadt, Legien; Dresden: Hellerau, Trachau: Nick Snipes

Texte: Informationen zu den Texten:

Wikipedia wurde als Quelle für alle Gebäude benutzt, die durch ein 📄 gekennzeichnet sind.

Zusätzliche Internet-Quellen:

Siedlung Eigenheim, Postdam
https://kulturstadt.potsdam.de/12-september-quartierserkundung-in-der-siedlung-eigenheim/

Schwarttzkopff-Siedlung Wildau
https://www.wildau.de/leben/tourismus/schwartzkopff-siedlung/

Metastadt Wulfen
https://www.wulfen-wiki.de/index.php/Metastadt

Habiflex, Wulfen
https://www.wulfen-wiki.de/index.php/Habiflex

Finnstadt, Wulfen
https://wulfen-wiki.de/index.php/Finnstadt

Panneschopp, Aachen,
https://www.baukunst-nrw.de/objekte/Siedlung-Panneschopp--6562.htm

Ter Meer-Siedlung Krefeld
https://www.rheinische-industriekultur.com/seiten/objekte/orte/krefeld/objekte/siedlung_ter_meer.html

Südliche Furth, Neuss
https://www.bda-bund.de/awards/suedliche-furth-neuss-neues-wohnen-in-der-stadt/

Kolonie, Ludwigshafen

https://www.rhein-neckar-industriekultur.de/objekte/die-kolonie-basf-arbeitersiedlung-in-ludwigshafen-hemshof

Ebertsiedlung, Ludwigshafen

https://www.rhein-neckar-industriekultur.de/objekte/die-ebertsiedlung-in-ludwigshafen

Bahnstadt, Heidelberg

https://www.heidelberg.de/Bahnstadt/startseite.html

Siedlung Reiherplatz, Mannheim

https://www.rhein-neckar-industriekultur.de/objekte/siedlung-reiherplatz-mit-gaslaternen-in-mannheim

Franklin, Mannheim

https://franklin-mannheim.de/

Grabenhäusle, Ulm

https://tourismus.ulm.de/de/entdecken/sehen-und-erleben/sehenswuerdigkeiten/historisches/grabenhaeusle-ulm

Lessinghof, Augsburg

https://vielfaltdermoderne.de/lessinghof/

Tessenow-Siedlungen, Pößneck

https://www.poessneck.de/bilder-und-dokumente/broschueren-und-flyer/flyer-tessenow-themenroute.pdf?cid=17j

Salzspeicherhäuser, Schönebeck

https://www.schoenebeck.de/de/sehenswuerdigkeiten.html

Strohballenhaus, Hruby Sur

https://strawbuilding.eu/architects-office-in-the-straw-bale-hobbit-dome-building-2/

Weitere Architekturbücher des Autors bei books on demand, www.bod.de

Die schönsten Fachwerkhäuser in Norddeutschland
Meine Liste der 77 schönsten Fachwerkhäuser in den 5 nördlichen Bundesländern, Norderstedt 2025

Die schönsten Fachwerkhäuser in Nordrhein-Westfalen
Meine Liste der 77 schönsten Fachwerkhäuser in NRW
Norderstedt 2025

Die schönsten Fachwerkhäuser im Westen Deutschlands
Meine Liste der 77 sehenswertesten Fachwerkgebäude in Rheinland-Pfalz und im Saarland
Norderstedt 2024

Die schönsten Fachwerkhäuser Süddeutschlands
Meine Liste der 77 sehenswertesten Fachwerkhäuser in Baden-Württemberg, Norderstedt 2024

Die schönsten Fachwerkhäuser Bayerns
Meine Liste der 55 sehenswertesten Fachwerkgebäude in Franken und Bayerisch-Schwaben, Norderstedt 2024

Die schönsten Fachwerkhäuser in Mittel- und Ostdeutschland
Meine Liste der 55 schönsten Fachwerkhäuserin Mittel- und Ostdeutschland, Norderstedt 2024

Schwangere Auster und Hohler Zahn
555 Gebäudebeinamen und was dahintersteckt, Norderstedt 2019

Haussmann, Holl und Hillebrecht
77 Denkmäler für Architekten, Baumeister und Stadtplaner, Norderstedt 2023